Ðisney
Mandalas babies

Mandalas babies

ARTE-TERAPIA

dibujos antiestrés

Ilustraciones de Nathalie Lavaud

hachette
HEROES

ÌNTRODUCCIÓN

Bienvenido al universo mágico de los mandalas.
Este libro de ilustraciones está especialmente diseñado
para todos los fans de los adorables bebés de Disney.
Sumérgete en un mundo de ternura, de magia y de creatividad,
y descubre 45 mandalas con tus personajes favoritos.

Estos mandalas *babies* ofrecen una experiencia única
en la que se unen la relajación y la imaginación.
Cada página está cuidadosamente ilustrada con motivos
armoniosos que harán que te pierdas en la tranquilidad
de este arte.

Libera tu mente y coge tus colores para darles vida
a estos encantadores bebés de Disney.

Hércules y Pegaso, Vaiana, Arlo, Antonio, Dumbo, Anna y Elsa...
Descubre a tus personajes preferidos y llénalos de color.

¡A colorear!

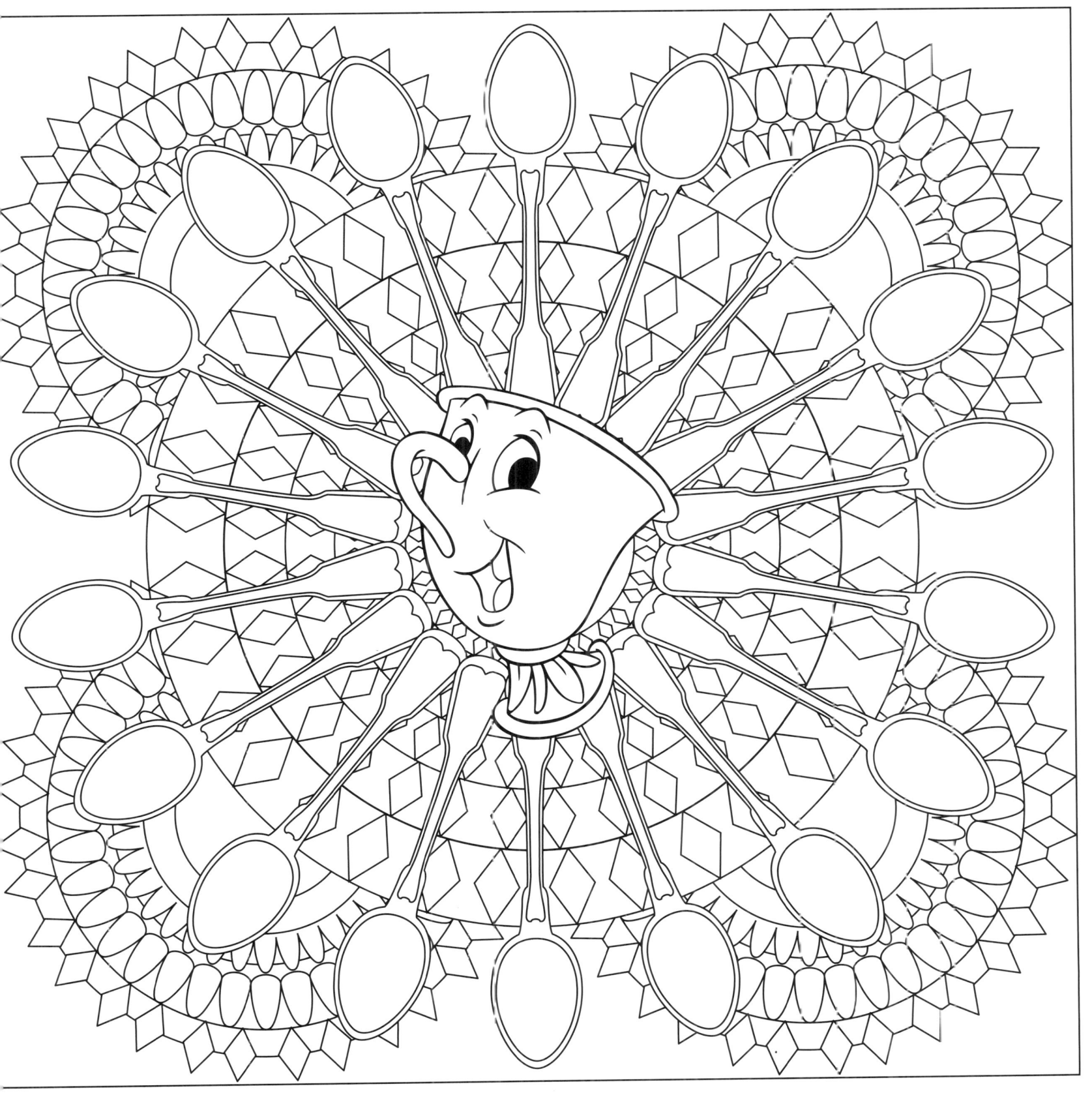

101 dálmatas, basado en la obra de Dodie Smith, publicado por The Viking Press.
Los aristogatos, basado en el libro de Thomas Rowe.
Los personajes de Winnie the Pooh se basan en la obra *Winnie the Pooh*
de A. A. Milne y de E. H. Shepard.

Edición francesa

© 2024, Hachette Livre (Hachette Pratique).
58, rue Jean Bleuzen – 92178 Vanves Cedex

Este libro se publicó por primera vez en Hachette Livre (Hachette Pratique) en 2024
con el título original de *Mandalas Babies.*

Dirección: Catherine Saunier-Talec
Responsable editorial: Timothée Le Mière
Edición: Anne Vallet y Anaïs Guichard
Ilustraciones: Nathalie Lavaud
Colorización de la cubierta: Charlotte Mélin
Diseño y maquetación del interior y cubierta: Claire Rouyer
Producción: Grégory Morin

Edición española

Para la presente edición:
© Grupo Anaya, S. A., 2024
Valentín Beato, 21. 28037 Madrid

Dirección del proyecto editorial: Emmanuel Christien
Edición: Carmina Pérez Canet
Asistente editorial: Sonia Fonseca Bautista
Producción: Juan Antonio Barras
Realización editorial: Servei Gràfic NJR, SLU

ISBN: 978-84-19804-31-0
Depósito legal: M-28339-2023
Impreso en España

PAPEL DE FIBRA
CERTIFICADA